A Nosseigneurs de l'Assemblée nationale

Mémoire pour les maîtres de postes

Anonymous

Alpha Editions

This edition published in 2022

ISBN : 9789356893092

Design and Setting By
Alpha Editions
www.alphaedis.com
Email - info@alphaedis.com

MÉMOIRE
POUR LES MAÎTRES DE POSTES.

L'Établissement des Postes en France, est sans contredit un des plus beaux, des plus nécessaires & des plus utiles qui honore ce grand Empire ; aussi n'a-t-il cessé de jouir de la protection de la Nation, & de celle du Gouvernement qui l'ont continuellement surveillé ; c'est par cette protection & par cette surveillance qu'il s'est maintenu, -2- malgré les tentatives réitérées de la cupidité & de l'envie ; c'est par cette protection & par cette surveillance qu'il a atteint ce degré de perfection qui fait aujourd'hui l'admiration de l'Europe entière.

La conservation de cet Établissement précieux à l'État ne saurait manquer d'intéresser vivement l'auguste Assemblée de la Nation, dont tous les Membres concourent avec un égal succès à la régénération du Royaume, & à le faire jouir de toute la splendeur dont il est susceptible ; il ne sera donc pas possible aux Représentans Français de se dissimuler que cette conservation est étroitement liée au sort des Maîtres de Postes.

Il est d'autant plus juste de s'en occuper, qu'ils sont tous des Cultivateurs, entièrement livrés à des travaux utiles, & dont l'ambition se borne à mériter, sous tous les rapports, l'estime de leurs Concitoyens, aux dépens même de leur repos & de leur tranquillité, sans qu'aucune idée de luxe occupe un seul instant leur pensée ; vivre péniblement, élever avec soin leurs enfans, en faire des Travailleurs & des Citoyens qui leur ressemblent ; c'est à quoi se borne le vœu des Maîtres de Postes.

Dans tous les tems le Gouvernement leur -3- a accordé des Priviléges ; mais qu'on ne s'y trompe pas ! Ces Priviléges n'étaient que des indemnités, ils n'étaient que des secours sans lesquels on ne pouvait espérer de former l'Établissement si intéressant dont ils se chargeaient.

Louis XI fut le premier qui rendit les Postes ordinaires & perpétuelles ; il accorda aux Maîtres de Postes les mêmes Priviléges dont jouissaient les Commensaux de sa Maison.

Henry IV y ajouta la faculté de tenir à ferme 60 arpens de terre, & de faire valoir tous leurs propres en exemption de taille.

Louis XIII leur accorda de plus la faculté de faire le Commerce.

Louis XIV porta l'exemption de la taille à cent arpens de location, indépendamment de leurs propres ; & les Maîtres de Poste ont joui sans interruption de ces priviléges, ou, pour parler plus correctement, de cette indemnité, de ce secours qui balance à peine les charges & les pertes attachées à l'état de Maître de Postes.

Ceux-ci ne dissimuleront pas qu'on a quelquefois tenté d'altérer ou de restraindre ce secours ; mais que la justice la plus sévère a été forcée de la rétablir aussitôt.

-4- Sous la minorité de Louis XIV la Régence, par une Déclaration du 20 Octobre 1648, restraignit l'exemption de la taille accordée aux Maîtres de Postes à cinquante arpens de terres affermées ; cette Déclaration avait porté la plus funeste atteinte au service des Postes, aussi par une autre du mois de Janvier 1669, Louis XIV rétablit les Priviléges des Maîtres de Postes de jouir en exemption de taille de soixante arpens de terres affermées ; M. de Louvois leur accorda sa protection & sa surveillance spéciales, le service des Postes se rétablit, il y fit regner l'ordre, & cet Établissement atteint toute la perfection dont il était susceptible par la Déclaration de 1672, qui attribua aux Maîtres de Postes la faculté de jouir en exemption de taille de cent arpens de terres affermées, & qui leur accorda d'autres exemptions, priviléges, franchises, immunités & prérogatives.

Ces priviléges éprouvèrent une nouvelle atteinte par la Déclaration du 8 Janvier 1692, les inconvéniens s'en firent si promptement sentir, que par une nouvelle Déclaration du 12 Avril de la même année, ils furent tous rétablis & il fut de plus permis aux Maîtres de Postes de se démettre de leur -5- place en faveur de leurs enfans, gendres ou autres parens en état de faire le service.

Il résulte de cette courte analyse, que sans priviléges, sans indemnité, sans secours quelconques, on ne peut espérer faire desservir utilement la Poste aux Chevaux ; le seul moyen d'inviter le Cultivateur à se charger, à courir les risques de ce pénible service, c'est de le rendre indemne d'une partie des sacrifices trop réels qu'il fait journellement, & il y a d'autant moins d'inconvénient que la spéculation des Cultivateurs se borne à faire du bien, aux dépens de toutes ses avances, pourvu qu'il y trouve sa subsistance & celle de sa famille.

Les charges des Maîtres de Postes sont immenses.

1°. Ils sont obligés d'avoir en tous tems pour le service public, & sans égard aux mortes saisons, un nombre fixe & suffisant de bons chevaux.

2°. Ils sont assujettis à la conduite journalière des malles qui écrasent leurs chevaux par leurs poids, & dont le prix est plus médiocre, puisqu'ils ne sont payés qu'à raison de dix sols par cheval.

3°. Ils doivent fournir aux Courriers du Cabinet & à ceux des Ministres les chevaux -6- les plus vifs & les meilleurs de leur écurie au prix modique de 15 sols par course, ce qui est d'autant plus étonnant & d'autant plus injuste, qu'il est alloué à chacun de ces Couriers 7 liv. 10 sols par Poste & quelquefois 10 liv. à des Couriers extraordinaires.

En tems de guerre il en coûte au Roi 300,000 livres par mois pour les Couriers du Cabinet, & conséquemment les Maîtres de Postes éprouvent une perte proportionnelle, & qui ne profite véritablement qu'à ces Couriers.

4°. Dans les tournées pour les voyages du Roi & des Princes, pour les Mariages, pour les tems de Guerre, les Maîtres de Postes sont souvent forcés de faire conduire leurs chevaux à 50 ou 60 lieues de leur domicile, on les paye à raison de 13 sols 4 den. par jour & vingt sols dans les tournées extraordinaires.

5°. Ils sont tenus de la conduite gratuite des Visiteurs & Contrôleurs, tant de la Poste aux chevaux que de la Poste aux lettres.

Si l'on joint à ces charges, déjà si pésantes & continuelles les frais d'acquisition, ou le loyer d'emplacemens immenses pour le -7- logement des chevaux de Postes & des approvisionnemens nécessaires à leur nourriture.

Si l'on y joint les craintes continuelles & malheureusement trop souvent réalisées, du feu, par les lumières que l'on est obligé d'avoir toutes les nuits dans les écuries pour un service toujours actif, & de jour & de nuit.

Si l'on y joint le renouvellement, trop fréquent, des chevaux par le très-petit nombre qui réussit à un métier aussi pénible ; les pertes accidentelles de quinze & vingt chevaux en une année par la morve & le farcin, quelquefois même du double.

On sera forcé de convenir que les Maîtres de Postes seraient obligés d'en abandonner l'entreprise, s'ils étaient bornés au prix modique toujours subsistant de 25 sols par course de cheval, malgré l'accroissement du numéraire & l'augmentation progressive du prix des chevaux & des denrées depuis cette époque.

C'est toujours un homme aisé qui se charge de l'entreprise des Postes, il n'en est point d'assez insensé pour s'exposer aux pertes qu'elle entraîne, pour s'assujettir aux charges qu'elle exige, pour essuyer tous les -8- jours des duretés, des vexations & des mauvais traitement de toute genre de la part des Couriers, s'il y courait les risques de son aisance, & s'il n'y trouvait pas sa subsistance & celle de sa famille.

Les Maîtres de Postes ne se dissimuleront pas qu'ils ont quelquefois excité l'envie de leurs voisins, jaloux ou desireux de jouir des mêmes priviléges ; mais ces sentimens trop communs aux hommes, toujours mécontens de leur sort, est le fruit de l'ignorance & de la présomption, qui les portent à se dissimuler qu'ils soient incapables de supporter les charges sous le poids desquels succomberoient infailliblement les Maîtres de Postes, sans l'ordre qu'ils sont obligés d'observer rigoureusement, sans une surveillance continuelle, en un mot, sans les justes secours qu'ils ont obtenus, & que la justice de Nosseigneurs les portera à leur continuer de la maniere qu'ils jugeront la moins onéreuse au peuple : ce sera toujours là le vœu des Maîtres de Postes, qui ont dans tous les tems donné les preuves les moins équivoques des sentimens de patriotisme dont ils sont animés.

C'est cette même ignorance des charges attachées au service de la Poste aux chevaux -9- qui a fait éclore en cette partie les projets, on peut dire extravagans, des Chamousset, Corby, Lachenaye & autres, qui avoient de l'esprit, sans doute, mais qui manquoient absolument de cette expérience dont les résultats devoient servir de base à un projet d'autant plus insensé, que leurs auteurs ne demandoient rien moins que de se charger de l'entreprise de toutes les Postes du Royaume.

Se charger de l'entreprise de toutes les Postes du Royaume ? Ce projet médité au coin du feu, ne peut être regardé que comme un rêve de ces gens à systême, qui dans l'ancien régime, n'ont cessé d'assaillir le Gouvernement, & qui lui ont fait faire tant de faute.

On ne pourroit imaginer de le proposer de nouveau à l'auguste Assemblée Nationale, quand il a été proscrit dans un tems heureusement oublié ; on ne pourroit le proposer à l'Assemblée Nationale sans insulter à ces principes, & sans avoir eu la criminelle intention de la mettre en contradiction avec elle-même ; ce seroit entreprendre de ressusciter les priviléges exclusifs à jamais anéantis, & dont le nom seul inspire une sainte horreur, garante à l'avenir de la liberté -10- publique & particuliere solennellement prononcée ; c'est, en un mot, livrer à une entreprise plus qu'hasardée la subsistance de 1440 Maîtres de Postes répandus sur la surface de l'Empire, tous peres de familles, tous Citoyens utiles, laborieux, tous zélés Patriotes, uniquement livrés à l'agriculture avec les moyens peut-être uniques de la rendre florissante.

L'état de perfection que les Postes ont atteint dans le Royaume, est dû à 300 ans de peines & de soins ; c'est une vérité qu'on ne sauroit se dissimuler. Adopter le projet du sieur Lachenaye ou tous autres de ce genre, ce seroit en perdre le fruit, & livrer à la cupidité d'une compagnie purement financiere, un des établissemens qui fait le plus d'honneur à la France.

Le sieur Lachenaye sentit tellement l'impossibilité d'étendre son projet à tout le Royaume, qu'il y renonça de lui-même & se borna à le demander pour les routes seulement de Paris à Fontainebleau & à Compiegne.

Telle étoit la base de son système, qu'il prétendoit établir des Relais de quatre lieues en quatre lieues, y placer mille chevaux pour assurer ce service, en convenant qu'il -11- y en auroit toujours deux cens boiteux, il fondoit son bénéfice *sur l'espoir* du retour de ses chevaux à charge.

Indépendamment de la difficulté de trouver toujours à quatre lieues des emplacements faits ou à faire, de l'eau absolument indispensable dans chacun des Relais de Poste ; ce systême est contraire à l'opinion des plus célèbres Administrateurs, qui s'occupant des grandes & principales routes du Royaume, nommément de celles d'Espagne, d'Italie, de Flandres & autres, crurent avec raison ne devoir établir les Postes qu'à deux & trois lieues de distance, & de la moindre étendue ; alors les Postes n'étoient que de 2000 toises, il n'y eut d'autre motif que celui de prévenir la ruine des chevaux devenue plus rare par ce moyen. Il est sensible que plus on éloignera les relais, plus on perdra de chevaux, & cet inconvénient est d'une si haute importance, qu'on ne sauroit employer trop de moyens pour s'en garantir.

L'expérience démontre que les chevaux de Postes ne peuvent pas dans une distance de quatre lieues, faire un service suivi & très-souvent précipité : on en fit une épreuve tellement onéreuse dans les voyages de Compiegne, pour aller de Senlis à Verberie, -12- qu'on fut forcé d'établir une Poste à moitié chemin, on obligea par la même raison le Maître de Poste de Saint-Germain-en-Laye d'établir un Relais à Nanterre ; le même motif détermina à en établir un à Seve.

Ces exemples pris sur un grand nombre d'autres, & parce qu'ils sont sous nos yeux, ne présentent point de replique ; la course d'une Poste ordinaire ne fatigue que médiocrement les chevaux ; mais ils sont épuisés s'ils en courent de suite une seconde. C'est là une de ces vérités élémentaires à laquelle il n'est pas possible de répondre, & d'autant moins qu'à son appui se joignent telles circonstances de fatigue ou de maladie qu'on n'auroit pas apperçue, qui font périr ou estropier un cheval, événement qui laisseroit le Courier dans le plus grand embarras, si, comme il est possible, il avoit encore deux ou trois lieues à faire pour gagner l'autre Relais.

Quand le sieur Lachenaye espéroit remplir le service proposé avec mille chevaux, il ignoroit sans doute que les trente-trois Maîtres de Postes dont il avait prononcé la ruine en avoient plus de 1500. Vainement se fondoit-il sur ce qu'au moyen des retours à charge qu'il avait prévu, il lui en faudroit moins.

-13- Les retours à charge ne sauroient se prévoir ; les circonstances déterminent les voyages ; les circonstances les fixent souvent dans une partie du Royaume, & les rendent très-précipités. Pour en remplir la tâche, il faudroit nécessairement que les chevaux revinssent à vuide : l'expérience démontre que chaque printems il part de Paris cinq sixieme de Courier contre un qui entre, on ne sauroit admettre qu'ils attendent l'automne pour faire revenir leurs chevaux à charge ; le sieur Lachenaye n'avoit donc d'autre moyen praticable que celui dont usent les Maîtres de Postes, il lui falloit donc un même nombre de chevaux ; cette vérité s'établit par le fait constant que c'est sans succès que le Maître de Poste de Dijon a voulu pratiquer à sa Poste de Cude le procédé du sieur Lachenaye. Le Maître de Poste de Ris & Villejuif, celui de Paris qui avait réuni la Poste du Bourget ; le Maître de Poste de Charenton, qui avait pris celle de Grosbois avec l'espoir des retours, présentent autant d'exemple de l'impossibilité de réaliser le projet du sieur Lachenaye.

Le sieur Cretté, qui a les Postes de Saint-Denis & de Franconville, ne craint pas d'assurer -14- que ses chevaux ne reviennent pas dix fois à charge dans une année.

Si les exemples, si l'expérience déterminent les personnes raisonnables, présentons-en un dernier, qui achevera de convaincre les personnes les plus incrédules ; il est frappant mais décisif.

Il y avait entre les deux Postes de Paris & Versailles un renvoi réciproque & fidele, mais au moindre événement l'une ou l'autre était démontée ; & malgré la même union & le même rapport d'intérêt, on fut obligé, pour la sûreté du service, de renoncer à ce renvoi réciproque.

Que l'auteur du projet que nous combattons avec tant d'avantage ait prétexté que le service seroit mieux fait que par les Maîtres de Postes ; qu'il ait prétexté que les Postillons seroient plus raisonnnables, & par conséquent plus sûrs, ce ne sont là que des mots dénués de sens & qu'un seul va détruire.

Le soin des chevaux devait être confié à des Commis ; on n'admettra pas sans doute qu'ils les aient portés, qu'ils aient porté le zèle aussi loin que les Maîtres de Postes qui veillent eux-mêmes sur leur propre chose ; on ne supposera jamais à ces Commis -15- ni la même autorité qui proscrit la subordination, ni la même attention des Maîtres de Postes, dont la subsistance & celle de leur famille dépendent absolument.

Il est certain que du côté du service, les Maîtres de Postes présentent bien plus d'avantages que les Entrepreneurs qui auroient voulu réaliser le projet du sieur Lachenaye ; d'abord ces Entrepreneurs n'auraient que des gens à argent, sans connoissance de la manutention qui faisait l'objet unique de leur entreprise, & qui n'auraient pu se tirer d'affaires pendant quelques mois encore, qu'en ménageant sur le prix des chevaux & sur leur nourriture, encore n'en auraient-ils pas moins été réduit à faire banqueroute, ce qui est déjà un malheur ; mais le plus grand de tous, c'est que dans un instant le service des Postes aurait manqué dans tout le Royaume.

Les Maîtres de Postes sentent au contraire la nécessité d'avoir de bons chevaux & de les bien nourrir, ils sentent la nécessité d'avoir des Postillons sûrs, parce qu'il leur importe de réunir tous les moyens de bien servir & contenter le public, ils sont d'ailleurs soumis à des visites,

& ils ne contreviendroient pas impunément aux Réglemens & Ordonnances concernant les Postes & Relais de France.

-16- Mais quand on supposeroit à des Commis salariés le même intérêt des Maîtres de Postes, ce qui est impossible ; comment pourroient-ils faire le service aussi bien que ces derniers ? sûrement qu'on ne leur confierait que le nombre de chevaux qu'on prévoiroit suffisant pour desservir chaque Poste ; or, le Maître de Poste a à cet égard cet avantage qu'indépendamment du nombre de chevaux destinés au service de la Poste, il a encore ceux de labours dans la proportion des terres qu'il fait valoir, & qui servent dans les besoins.

Dira-t-on que les chevaux de labour ne peuvent être employés au service de la Poste qu'aux dépens de l'agriculture, mais la réponse est aussi simple que facile ; en supposant que les labours soient retardés dans l'instant de ce besoin extraordinaire, on conviendra qu'au moyen de ce que le Maître de Poste employe même ces chevaux de Postes au labour quand cet instant est passé, tout est plus que réparé.

Le Projet du sieur de Lachenaye, de même que tous autres de ce genre, ne sauroient présenter que désordre & confusion. En effet, les chevaux changeant de Relais comme les Postillons, qui est-ce qui connoîtra leur -17- qualités bonnes ou mauvaises ? Un Postillon sera arrivé avec une chaise & cinq chevaux, il sera reparti avec deux, un autre sera arrivé avec deux & sera reparti avec quatre, un troisieme sera arrivé à franc-étrier, repartira avec une chaise ou une berline, & cela pour une Poste différente que celle dont il est parti ; il résulteroit nécessairement de ce désordre & de cette confusion, que les chevaux ne seroient jamais employés utilement, & conséquemment que le service seroit toujours très-mal fait.

Il a été bien prouvé que les Relais de quatre lieues en quatre lieues étoient impratiquables, que loin de diminuer la quantité des chevaux, l'entreprise exigeroit qu'on les augmentât & sans succès, puisque ces retours à charge ne pouvoient avoir d'exécution ; jettons un coup-d'œil rapide sur les funestes effets d'un pareil projet s'il se fût réalisé.

Il falloit de la part des Entrepreneurs une caution pour la garantie & la sûreté du service, ils offroient les mille chevaux qu'ils n'avoient pas, les fourrages & les ustensiles nécessaires qu'ils n'avoient pas encore ; mais eussent-ils pu offrir un mobilier tout en spéculation ? quelle sûreté auroit-on trouvé dans des chevaux décharnés & estropiés, ou prêts -18- à devenir dans cet état par le travail outré auquel on les destinoit ? quelle sûreté auroit présenté des selles de poste, des harnois pourris, des greniers vuides & des fournisseurs ruinés ? De pareilles sûretés n'étoient rien moins que capable de cautionner ou assurer un service continuel & instant.

La Compagnie quelconque qui auroit été forcée de tout acheter, de faire faire le service par des Commis à gage, qui n'auroit pas joui d'une infinité des avantages dont les Maîtres de Postes savent profiter, ne pourroit manquer de dépenser bien plus que ces derniers ; cette Compagnie étoit donc incapable de soutenir un pareil établissement ; elle devoit être accablée de son poids, & comme on l'a dit, le service de la Poste pouvoit manquer à l'instant même ; & le tems nécessaire pour établir le même ordre auroit été vraiement incalculable ; parce que les Maîtres de Postes, que l'adoption de ce nouveau système auroit ruinés, la confiance qu'ils auraient perdue, leur bâtiment qui auroit changé de destination, ne leur auroit plus permis de reprendre leur ancien état ; il en seroit résulté la ruine de l'agriculture & du commerce dans toute l'étendue de l'Empire.

-19- Ces considérations sont d'autant plus capables de fixer l'attention de l'Auguste Assemblée Nationale, qu'elles sont toutes vraies & puisées sur des faits positifs, sur des exemples qui n'admettent point de réplique ; faits & exemples garantis par la droite raison, dont les illustres Députés de la Nation font un si grand cas & un si glorieux usage.

Ces considérations reçoivent d'autant plus d'application dans la circonstance, que les Maîtres de Postes sont bien informés qu'il a été remis à l'Assemblée Nationale des projets qui tendent à faire accueillir le système qu'ils viennent de combattre d'autant plus avantageusement, que les auteurs ne s'en tiennent plus à proposer de desservir deux routes seulement, mais bien tout le Royaume, ce qui donne encore un plus grand dégré de force au raisonnement des Maîtres de Postes.

Sans doute que ces derniers ont la juste intention de se soustraire & de soustraire leur famille à la ruine, dont 1440 Chefs sont menacés, mais ils ont aussi celle de contribuer à conserver à la France un établissement, qui, par son organisation actuelle, fait l'admiration de l'Europe entière & dont la perte influerait sur toute la Nation.

-20- Deux moyens irrésistibles écarteront à jamais la réalisation de ce projet funeste & heureusement impraticable. 1°. L'anéantissement de tous privilèges, & sur-tout de tous privilèges exclusifs. 2°. Et l'impossibilité où seraient les entrepreneurs de garantir la quantité de 43,200 chevaux pour le service des Postes du Royaume, à raison de 30 chevaux par chacun des 1440 Maîtres de Postes.

De la nécessité d'écarter des projets vraiement destructeurs du précieux établissement des Postes aux chevaux, résulte celle de maintenir l'organisation actuelle de cet établissement, & de le laisser entre les mains des Maîtres de Postes, qui ont le plus vif intérêt de concourir de tous leurs efforts à la plus parfaite perfection, si elle est possible.

Mais dans la circonstance où des décrets respectables & qui doivent faire l'admiration du monde présent & futur, ils seraient coupable d'un défaut de confiance nuisible à la chose publique, s'ils n'imploraient pas la justice & la protection de Nosseigneurs, dont les effets peuvent seuls les mettre en état d'atteindre à cette complette perfection, d'autant plus désirable que l'objet en -21- est grand & intéresse véritablement toutes les classes de la société.

Les Maîtres de Postes sont dignes de cette protection qu'ils invoquent, votre justice est intéressée à leur conserver leur état, à laquelle est attachée leur subsistance & celle de leur famille. Les Maîtres de Postes, Nosseigneurs, parce qu'ils sont agriculteurs laborieux, parce qu'ils sont de zélés patriotes, & ces qualités en valent bien d'autres aux yeux des sages si glorieusement occupés d'assurer le bonheur des Français dont ils font l'ornement.

Les Maîtres de Postes sont zélés Patriotes, par cela seul qu'ils s'occupent essentiellement des moyens d'accroître la subsistance ; s'il fallait d'autres titres pour justifier cette qualité si précieuse à leur cœur, ils retraceraient les preuves qu'ils ont donné dans tous les tems, celle particulière qu'ils en ont donné sous le Maréchal de Belle-Isle lors de l'invasion de la Provence, qui ne dût sa conservation qu'au zèle éclairé des Maîtres de Postes, qui sur le champ fournirent tous leurs chevaux pour le transport de l'armée, des vivres, de l'artillerie, &c. Service dont le Roi eut dans le tems connoissance, -22- & qu'il daigna reconnaître par une gratification.

Ceux des environs de Paris ne se feront point un mérite du zèle ardent qu'ils ont montré en charriant gratuitement avec leurs chevaux de postes pendant les mois de Juillet & Août derniers, les farines destinées à l'approvisionnement de cette Capitale. Ils ont saisi l'occasion d'obliger leurs concitoyens, la récompense la plus précieuse à leur cœur est dans le service même qu'ils ont pu rendre.

Ces considérations sont bien puissantes sans doute aux yeux des Régénérateurs du nom Français ; les Maîtres de Postes sont toutesfois incapables de s'en prévaloir ; c'est la justice éclairée de Nosseigneurs qu'ils invoquent, & ce ne sera pas en vain, parce que la situation désespérante de 1440 Citoyens utiles, de 1440 Citoyens dignes de porter le nom Français, mérite d'occuper un moment les plus fermes appuis, en qui réside tout l'espoir de la Nation Française.

Les Maîtres de Postes, Nosseigneurs, avaient des privilèges, ils en jouissaient à titre purement onéreux, la suppression de -23- tous les privilèges a frappé sur eux & par le coup qui les anéantit, votre intention n'a point été de les ruiner & encore moins de ruiner un établissement dont vous êtes plus que qui que ce soit en état d'apprécier la très-grande utilité.

Vous déciderez dans votre sagesse, Nosseigneurs, qu'il est de votre justice de remplacer les privilèges des Maîtres de Postes, non-seulement par une indemnité pécuniaire bien légitimement acquise, mais encore par une légère augmentation sur le prix de la course de chevaux, qui n'équivaudra jamais aux privilèges dont ils sont privés.

Il est tellement vrai que les privilèges dont ils jouissaient n'ont été qu'un véritable secours que dans les pays d'États & de Cadastres, où l'exemption de la taille n'a point lieu ; il est accordé à chaque Maître de Poste 75 liv. & même 100 liv. par lieue, qu'il a à parcourir avec la fixation de leur capitation, à six livres.

Cette indemnité serait bien insuffisante pour les Maîtres de Postes des grandes routes & des environs de Paris.

C'est particulièrement sur le service de ces grandes routes qui partent de la Capitale -24- & où les Postes doivent être montées d'un plus grand nombre de chevaux, & d'espèce & de prix bien différens, que se fera sentir l'effet de la suppression des privilèges dont jouissaient les Maîtres de Postes. Si Nosseigneurs ne s'occupent de la juste indemnité qui doit en compenser la perte, il est certain que les gens aisés qui tiennent aujourd'hui les Postes & que leur faculté mettent en état de supporter la cherté excessive des denrées & les pertes accidentelles & trop communes des chevaux, seraient forcés de quitter leur état, ils n'auraient que ce parti à prendre pour ne pas compromettre leur existence & celle de leur famille.

Pour prouver l'insuffisance de l'indemnité accordée par les pays d'États & de Cadastres, si on y bornait celle due aux Maîtres de Postes des grandes routes & des environs de Paris, les Maîtres de Postes citeront ici quelques exemples.

Les 100 liv. accordés annuellement aux Maîtres de Postes de Bretagne, étant insuffisants pour les indemniser de la non jouissance du fouage, on leur a accordé en 1774, 50 liv. par lieue, dont partie est payée par le Roi & partie payée par la -25- Province. Les Postes y sont très-faibles & très-difficiles à soutenir, celles de Brest & l'Orient n'existent qu'au moyen d'une augmentation de traitement ; & en 1785 & 1786, le service des malles eût manqué sur la route de Brest & les Postes en auraient été abandonnées, si Sa Majesté n'avait point accordé un secours considérable & extraordinaire à chacun des Maîtres de Postes de cette route, & si on ne leur eut payé les chevaux des malles au prix de trente sols.

Les Maîtres de Postes du Dauphiné ont 75 liv. par lieue, des gages du Roi de 280 liv. & plusieurs sur la route de Lyon à Grenoble, ont en outre des gratifications fixes & annuelles sur les dégrèvements de la Province.

Toulon a 1600 livres ; Douai 1800 liv. ; Orléans 1000 liv. de l'Administration & 1000 liv. de la Ville ; Phalsbourg 400 liv. ; Mets 500 livres.

D'autres Postes sont à la charge du Roi, telles que Nonau le Fusellier, qui a 600 liv. ; la Motte-Beuvron pareille somme de 600 liv. ; Brest 1200 livres ; Troyes 2400 livres, & une infinité d'autres dont il devient inutile de présenter ici l'énumération.

-26- Les Maîtres de Postes ne se dissimulent pas, Nosseigneurs, que dans le moment où vous vous occupez à rétablir les Finances, dans un moment où chacun de vous travaille par des épargnes en tout genre à reparer *le déficit*, les Maîtres de Postes ne se dissimulent pas combien il est délicat, combien peut-être ce serait contrarier vos travaux & vos vues de demander à l'Assemblée Nationale une indemnité pécuniaire en remplacement de leur Privilége.

Les Maîtres de Postes se livrant entièrement à la respectueuse confiance que vous avez si justement inspiré à tous les Citoyens vraiment Français, oseront prendre la liberté de soumettre à vos lumières un autre moyen capable de balancer momentanément les pertes des Maîtres de Postes, & de leur faciliter le moyen de soutenir leur état & le service public, en attendant que des circonstances plus heureuses vous mettent à portée de les indemniser dans les proportions de la perte de leurs Priviléges.

Ce moyen simple & d'autant plus avantageux qu'il établirait l'égalité entre tous les Maîtres de Postes, se réduit à une très-légère augmentation du prix de la course des chevaux, & l'exemption des charges de Paroisse ; -27- telles que le marguillage, la collecte, &c. L'adoption de ce moyen coûtera d'autant moins à votre justice, qu'il est vrai de dire que s'il n'est point de pays en Europe où le Service des Postes se fasse avec autant d'exactitude & de célérité qu'en France ; il n'en est aucun où il en coûte aussi peu pour se transporter promptement d'un endroit à un autre.

Il est vrai de dire encore que le prix de la course des chevaux de Poste a varié en différens tems, & rien n'a dû paraître plus juste ; l'analise fort en abrégé n'en saurait être déplacée dans ce Mémoire.

Par une Ordonnance du 16 Octobre 1693, Louis XIV a fixé les chevaux de trait à trente-cinq sols ; on voit par un Arrêt du Conseil, du 22 Septembre de la même année, que malgré cette augmentation beaucoup de Maîtres de Postes se sont vus forcés d'abandonner le service.

En 1729 le prix fut fixé à 40 sols par chaque cheval attelé aux Berlines & Chaises à deux personnes. On ne connaissait point encore les limonières qui font la ruine des chevaux de Poste.

Une Ordonnance du 19 Juin 1741, porte qu'à commencer du premier Juillet suivant, -28- il serait payé trente sols pour chaque cheval indistinctement.

Ce n'est que depuis 1759, que le prix des chevaux a été restraint à 25 sols, si l'on en excepte cependant l'année 1784 que le prix fut porté à 30 sols pour l'espace seulement de 18 mois.

Ces différentes augmentations n'ont fait à ces époques que proportionner le prix de la course avec celui des denrées.

A l'époque où nous nous trouvons, & depuis 1756 le numéraire est considérablement accru, & les denrées en ont suivies s'ils n'ont surpassé la progression successive, en se rapportant seulement à l'année 1763, époque de la révolution sur le prix des grains, celui des biens-fonds a à peu près doublé, & toutes les denrées ont augmenté dans la même proportion, c'est là une vérité dont la preuve est dans les mains même du Gouvernement, puisqu'elle existe dans les marchés des Entrepreneurs de l'Artillerie & des vivres dont le prix a vraiment doublé.

Il en coûte aujourd'hui à un Maître de Poste près du double, tant pour la nourriture que pour l'achat de ses chevaux, & s'il est obligé d'en avoir un plus grand nombre, -29- ses dépenses & ses risques augmentent à proportion.

Rien n'est moins régulier que le tems & la nature du service ; il se fait en général par bouffées imprévues, ce qui ruine les chevaux ; souvent les deux tiers de l'année il n'y a point d'ouvrage, si les Maîtres de Poste n'avoient pas de labour pour occuper leurs chevaux dans les mortes saisons & les refaire, un Maître de Poste ne pourrait subsister surtout sur les grandes routes.

L'état de Maître de Poste n'est rien moins que lucratif ; ceux qui ont l'ordre, l'intelligence & l'activité nécessaires y vivent, plusieurs s'y ruinent & aucun n'y fait fortune, & si l'on a trouvé jusqu'ici des sujets pour garnir les Postes, on ne le doit qu'à la fiabilité de l'état, à la protection dont ils ont ressenti les effets, & sur-tout à l'appas des priviléges qu'on leur avait accordé dans tous les temps.

Pour résumer ce qu'on vient de dire, les Maîtres de Poste osent espérer que Nosseigneurs ne perdront pas de vue, qu'ils se sont flattés de trouver dans leur sagesse & dans leur justice, la protection qu'ils ont droit d'en attendre pour n'être pas dépouillés de leur état par la réalisation de projets -30- insensés vraiment impratiquables, & qui tendraient à faire revivre des priviléges exclusifs, dont l'anéantissement est la conséquence de tous les décrets de l'Auguste Assemblée.

Les Maîtres de Postes osent espérer que cette proscription si légitime, sera encore fondée sur la justice de ne pas dépouiller des

Citoyens agriculteurs, actifs & laborieux de tous moyens de subsister, & de faire subsister leur famille.

Ils espèrent enfin que Nosseigneurs, pénétrés de cette vérité que les priviléges qui leur ont été accordés de tous tems, n'étaient qu'un secours indispensable & juste sous tous les rapports, qu'une indemnité sans laquelle ils n'auraient pu se livrer à desservir les Postes du Royaume ; pénétrés, disons-nous, qu'ils doivent indistinctement justice à tous les Citoyens, & protection spéciale à ceux, qui, comme les suppliants, ont fait preuve en tous tems du plus pur patriotisme, Nosseigneurs daignerons en tems & lieu proportionner l'indemnité si justement acquise à leur situation, & leur accorder dès à présent les légères augmentations auxquelles ils vont conclure.

Les priviléges, grevant tous les sujets du -31- Roi, l'augmentation du prix de la course a cet avantage, qu'elle ne frappe que sur les voyageurs, & qu'elle sera partagée par les Étrangers.

Par ces considérations, Nosseigneurs, il plaise à votre justice accorder aux Maîtres de Postes telle augmentation de prix qu'il vous plaira déterminer par Poste, pour le service de toutes les malles & celui des Couriers du Cabinet ; & tel autre plus fort prix qu'il vous plaira également déterminer par cheval pour le service public généralement.

Les Maîtres des Postes des grandes Routes & des environs de Paris.

De l'Imp. de CAILLEAU, rue Galande, N°. 64.

9 789356 893092

Printed at Repro India Ltd.